LA
POLITIQUE D'EXTENSION COLONIALE

ET

LES PRINCIPES RÉPUBLICAINS

LETTRE D'UN TRAVAILLEUR

à M. JULES FERRY

LYON

IMPRIMERIE NOUVELLE

52, Rue Ferrandière, 52

—

1885

LA POLITIQUE D'EXTENSION COLONIALE

ET

LES PRINCIPES RÉPUBLICAINS

Lettre d'un Travailleur à M. Jules Ferry

Chercher la prospérité de son pays dans l'extension des relations commerciales est bien; la chercher dans la probité est mieux; et, dussions-nous être accusé de faire de la métaphysique au lieu de politique, nous pensons encore que cette probité veut que, dans les relations de notre pays avec les autres peuples, petits ou grands, faibles ou forts, soit appliquée cette maxime, ni vieille ni jeune, parce que, comme la vérité : elle est de tous les temps : « Agis envers autrui comme tu voudrais que l'on agît envers toi-même. »

Nous avons aimé notre drapeau, parce que nous avons eu la faiblesse de croire que la devise inscrite dans ses trois couleurs : Liberté, Égalité, Fraternité, était une affirmation véridique, et que notre patrie, ennoblie par l'épreuve même, en allait maintenir de par le monde la noble et haute pensée. Là était l'honneur, et là la prospérité, parce qu'ainsi l'on avait le meilleur de tous les appuis : la sympathie et la confiance que peut inspirer une nation fidèle à sa parole, loyale en ses actes. Mais dès l'instant que nous nous proposons l'exploitation des faibles ; qu'au lieu de réprimer simplement quelques actes répréhensibles, nous en prenons prétexte pour détruire l'indépendance de peuples jeunes qui forment leurs nationalités, et qu'en réalité c'est leurs richesses que nous convoitons ; il faut biffer notre emblème trompeur. De ce jour, nous avons forfait à l'honneur. Sedan n'est rien : on peut subir une défaite et, comme après Pavie, dire : « Tout est perdu fors l'honneur ! » et l'on s'en relève, mais Foutchéou est la honte, parce que l'on s'est avancé traîtreusement de la place, sous des auspices pacifiques, évitant ainsi les défenses avancées qui défendaient l'embouchure du Min, que loyalement nous aurions dû franchir en état de guerre, si nous allions faire acte de guerre, parce que le soldat chinois qui nous combattait défendait son pays et son droit, et que nous, malgré les grands mots de drapeau, de représailles et d'honneur, nous ne défendions que d'inavouables convoitises ; parce que les exemples de civilisation que nous avons donnés en Indo-Chine ont été le massacre des prisonniers et la destruction des propriétés privées ; parce que, ayant avec raison protesté hautement contre l'annexion par l'Allemagne de l'Alsace-Lorraine, au nom du droit des populations, nous avons montré à l'univers que de ce droit nous en tenions compte moins que de rien, lorsque nous pensions qu'il était de notre intérêt de l'oublier. C'est en cela que la politique coloniale, cette politique d'intrigants, de spéculateurs et d'aventuriers galonnés, nous a abaissés et déshonorés. Nous voulions, nous, classe travailleuse et déshéritée, en arborant l'étendard républicain que chaque peuple pût se reposer dans son droit ; que la bienveillance et la justice présidassent aux relations internationales, prélude d'une meilleure répartition sociale.

A ceux qui ont confessé ces opinions, nous avons remis nos mandats, à charge par eux de faire aimer un drapeau qui portait dans ses plis un meilleur avenir. Et voici :

chaque peuple a dû voir en nous une race de proie dont il était bien de se garantir d'abord par la force ; une nation qui parle haut de liberté et d'indépendance, mais dont le verbe est menteur, et qui ne suit, en réalité, que les inspirations de sa gloriole et de son égoïsme ; qui se glisse subrepticement chez un peuple désarmé (comme Dupuis et Francis Garnier au Tonkin), parle d'abord de commerce, d'amitié et de paix, et peu à peu, par duplicité et violence, s'empare du pays. Eh bien ! que ceux qui se plaisent à ce rôle le prennent pour eux, mais qu'ils ne l'imposent pas à leurs concitoyens !

Nous n'avons point demandé ce que vous prétendez nous faire gagner, mais nous réclamons ce que vous nous avez fait perdre, et, malheureusement, il n'est plus en votre pouvoir de nous le rendre. Votre gain matériel est plus qu'aléatoire, notre perte morale est certaine.

Il est peut-être licite d'user de ses biens et de ses forces personnels à des entreprises hasardées ; mais il ne l'est pas de prendre le bien, et le sang et l'honneur d'autrui pour les compromettre à des entreprises que l'on peut qualifier de criminelles.

Le budget de la guerre est voté pour la défense de la patrie, pour sa sécurité, non pour le rapt et la conquête. Que des vanités inquiètes, des intrigants y trouvent leur aise et leur plaisir, je le conçois, mais nul n'a le droit d'y entraîner la nation et de lui imposer ce rôle indigne.

Le recrutement de l'armée et son entretien sont consentis pour la défense du pays, non pas pour l'agression. Ils doivent protéger son droit et non menacer celui d'autrui, et c'est une insigne félonie que d'en abuser ainsi ; un crime de haute trahison.

Dira-t-on : c'est de la politique de sentiment que vous prêchez là ? — C'est seulement de la politique honnête, laquelle, du reste, nous tenons pour suprêmement habile. Et, si le respect du droit et de la personne d'autrui, si

l'équité est une chose mauvaise en politique, que ne choi-
sit-on alors le pire gredin pour lui donner la prééminence
dans le gouvernemeet de la République ? On aurait ainsi,
du moins, la logique pour soi. Tandis qu'un honnête homme
pourrait toujours s'embarrasser de sa conscience.

« Messieurs, la morale, la justice, la franchise, c'est
bon pour les petites gens ; un homme d'Etat ne doit pas
s'en occuper.» Montrez-nous donc alors vos titres d'escrocs
et de faussaires, d'hommes sans préjugés. Si vos preu-
ves sont bonnes, nous vous choisirons : vous êtes dignes
de faire la grandeur du pays.

Je l'avoue, jusqu'ici, nous n'avions pas réussi à nous
élever à cette haute clairvoyance. Nous avions bénévole-
ment cru que le programme développé par les hommes
de l'opposition, sous l'Empire, était sincère ; que si le
parti libéral avait condamné unanimement l'expédition
du Mexique, c'est que réellement le droit du peuple
mexicain était violé par cette intrusion de l'étranger lui
imposant un gouvernement non consenti par lui-même.
Et nous n'avions pas pris garde que les descendants des
Aztecs sont une race inférieure et qu'il était du devoir
des officiers de Napoléon III (entre autres de Bazaine) de les
civiliser, que, du reste, ce serait pour eux un bienfait,
etc., etc. Non, nous avions cru, lorsque les hommes d'opposition répondaient à cela que la liberté est un droit im-
prescriptible, et qu'aux petites chicanes, aux traités cap-
tieux pris à prétexte pour des expéditions militaires, des
invasions et des conquêtes, ils répondaient : « Il n'y a pas
de droits contre le droit, » nous avions cru qu'ils étaient
sincères, parce qu'en somme cela est vrai et répond à notre
sentiment intime. Nous étions, paraît-il, dans l'erreur, et
ces hommes, au pouvoir, s'empressent de restaurer ce qu'ils
abattaient, et de proclamer plus hautement les théories
qu'ils avaient le plus condamnées.

C'est que voici : une politique d'équité serait une politique de paix internationale, et adieu alors les belles

poses de bravoure à la tribune et les phrases sonores qui couvrent l'asservissement et le déficit. Il n'y aurait plus occasion de distribuer des louanges et des croix, ce qui est un plaisir bien aussi grand que de les recevoir ; ni de voter de nouveaux impôts, ce qui montre que l'on sait faire des sacrifices à la patrie... Autant vaudrait ne plus être au gouvernement !

Mais venons aux faits. Dans le discours-programme de l'ancien président du Conseil, auquel il a été assez pauvrement répondu, parce que, au fond, le *répondeur* est un peu du même sentiment que le discoureur. Qu'il discute le plus ou moins de profit de l'entreprise, qu'il chicane sur les détails d'exécution, où rien ne prouve qu'il eût fait mieux, mais se garde de voir le fond du sujet et de soulever l'iniquité foncière de ces actes violents, pour montrer hautement au pays, quand on lui parle d'honneur, ce que l'on fait de son honneur.

Et quand vos attentats contre les faibles devraient nous rapporter de l'or à pleines pelles, faire, comme l'on dit, tomber les cailles toutes rôties sur nos tables, nous n'en voudrions pas de cet or ramassé dans la duplicité et le reniement de tout ce qui nous tient au cœur.

Et puis, quand on s'engage contre le droit, on ne sait jamais jusqu'où l'on ira. L'attentat est d'abord minime, puis on est entraîné petit à petit, par son action, jusqu'aux violences qui font de vous l'exécration du monde. Qu'après notre prise de possession, quelques patriotes annamites ou malgaches rêvent l'indépendance de leur pays et cherchent pour lui ce que nous mettons tout notre honneur à vouloir pour le nôtre : le constituer en Etat libre et autonome, ne dépendant que de lui-même, vivant de sa vie propre, développant son génie hors du joug de l'étranger ; on les jettera d'abord en prison comme excitant la révolte, et, si celle-ci s'est traduite en fait, on les fusillera sans pitié, ni merci. Ils n'auront, eux, qui défendront une cause sainte par excellence, pas même les droits des belligérants. Et nos fils devront, de par la loi, briser ces cœurs coupables de sentir ce que nous sentons, d'aimer ce que nous aimons, de vouloir ce que nous voulons!

Ah! c'est de voir notre pays s'engluer dans ce rôle de bourreau et d'exploiteur qui nous rend frémissant d'indignation! Et quel outrage plus sanglant peut-on nous faire?

Quand on a le service militaire obligatoire, on devrait à tout prix éviter de s'engager dans des voies où l'obéissance du soldat peut ressembler à un assassinat.

Encore une fois, M. Ferry, ces richesses que vous nous promettez, nous ne vous les avons pas demandées. Et, si elles existaient, notre cœur les rejetterait, mais voyons-les donc :

L'ancien président du Conseil nous montre dans le Tonkin et Madagascar de nouvelles Algéries. Mais l'Algérie est à nos portes. Le courant d'émigration française qui s'y portait n'était pas très intense; il est évident que si l'on y fait des saignées pour le détourner vers d'autres contrées, il s'affaiblira d'autant, et avec lui l'influence française, submergée par l'émigration ispano-italienne, et cela sans compensation aucune ; sans qu'il se puisse prévoir un jour où l'élément français deviendra appréciable en Indo-Chine. Jamais! Il y a à cela des empêchements de climat et de tempérament absolus.

Mais, en outre, l'Algérie même n'a pas été, en somme, pour la France, ce que l'on veut nous dire, et il eût peut-être mieux valu, tant pour l'honneur que pour le profit, tenir la parole donnée solennellement au début, que l'on venait châtier une injure, mais non point conquérir le pays.

Il est trop vrai, en effet, que dans nos défaites de 1870 l'Algérie a eu sa part, part décisive. Nos généraux, formés à cette facile école, grisés de succès plus éclatants que sérieux se sont dispensés d'apprendre la grande guerre, et en face d'adversaires instruits, ayant de puissants moyens d'action, une sévère organisation, ils se sont trou-

vés complètement déroutés, en tout au-dessous de leur
tâche ; et combien de nos troupes sont allées à ce moment
rejoindre le dépôt de leur régiment en Afrique, à quatre
cents lieues de l'action et, par suite, n'ont pu se trouver
en temps opportun là où ils auraient été utiles? Et combien
d'esprits superficiels s'étaient imaginés que l'entrain féroce
de nos troupes algériennes suppléeraient à la tactique et
au bon droit? C'est sur l'armée d'Afrique que nos gouver-
nants fondaient l'assurance qui leur a fait décider la guerre
si facile à ne pas déclarer, et nous a conduits à la catas-
trophe... Et M. Desjobert n'était pas si faux prophète que
M. Ferry veut bien le dire. Tournez les choses comme
vous vous voudrez, en somme, les faits lui ont donné raison. Et si l'Algérie est notre consolation, il n'est pas
téméraire de penser que, sans sa prise de possession, nous
n'aurions pas besoin d'être consolés, ce qui vaudrait bien
autant.

Oui, on pouvait faire cesser des actes de piraterie
répréhensibles, et ils tombaient d'eux-mêmes ; mais les
populations kabyles et arabes de l'Atlas et d'au delà n'y
étaient pour rien. Dire le contraire, c'est ignorer ou mentir, et le mensonge nous déplaît, surtout lorsqu'il prétend
nous servir.

Y a-t-il plus de vertu sociale en Algérie qu'avant la
conquête? Je le pense ; et pourtant ce résultat ne saurait
excuser les Pélissier et autres chefs qui y ont souillé le
nom français d'atrocités ineffaçables. Et qui peut dire que,
dans la possession d'eux-mêmes, ces peuples, qui n'étaient
pas sans valeur et sans grandeur d'âme, n'auraient développé, à travers quelques convulsions inévitables, des
qualités heureuses que la conquête a bien effacées.

Toujours, ce n'est pas là une raison suffisante. — Certes,
les Espagnols pouvaient prétendre de porter aux Pays-Bas
une civilisation brillante que les *gueux* de Hollande,
laissés à eux-mêmes, semblaient incapables d'égaler ; le
duc d'Albe pouvait écrire à son triste maître sur l'a-

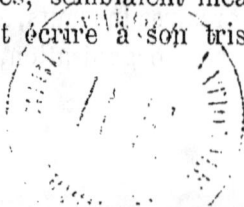

narchie morale et matérielle qui régnerait dans le pays en
l'absence des troupes royales; affirmer que sa tyrannie
sanglante était un bienfait providentiel, etc. Ces *anar-
chistes*, ces *gueux* ont persévéré et vaincu, et la Hollande,
délivrée du joug, a montré des aptitudes autrement hautes
et salutaires que ses anciens maîtres; elle a pu s'appeler.
avec raison, la Grèce du Nord, et son idéal moral et
artistique a égalé son héroïsme insurrectionnel.

De même si, quand, en 93, l'étranger envahissait notre
territoire ensanglanté, en proie à la guerre civile et aux
exactions de la Terreur, si l'étranger vainqueur avait
réussi à étouffer la Révolution, les souverains d'Autriche
et de Prusse auraient, à bon droit, pu dire qu'ils avaient
rétabli l'ordre social, sauvé la civilisation, fait notre
bonheur. Mais notre droit n'en aurait pas moins été violé,
et l'idéal de justice et de progrès en tous sens, qu'en
somme la Révolution a arboré lumineux sur le monde,
aurait été détruit dans son germe. C'était, enfin, pour y
rétablir l'ordre, que la Russie a conquis la Pologne, et
c'est au nom de la civilisation que le martyrologe inénar-
rable de son peuple s'est accompli.

Autrefois, nous n'admirions pas ces choses, et le
mot : « L'ordre règne à Varsovie, » ne nous faisait pas
courber le front. C'est qu'alors notre cœur s'inspirait du
droit; nous n'étions pas un peuple de proie, et nous étions
forts, respectés des forts, aimés des faibles.

Si quelque chose révolte notre nature, c'est lorsque,
par la force, on prétend nous imposer un bienfait. — Certes!
je puis être fatigué, avoir un peu de fièvre, je conçois que
l'on me conseille le repos; mais, si l'autorité, m'envoyant
un docteur, me couchait de force dans un lit, m'imposant
de boire ses tisanes, j'aimerais mieux un coup de poignard
dans le cœur. Celui qui me le donnerait serait moins mon
ennemi que cet hypocrite sauveur. Parce que mon premier
bien, c'est la possession de moi-même, et qu'un attentat à
cette possession, au nom du bien surtout, est le pire
attentat.

Que l'état social d'un peuple ne nous paraisse pas bon, nous pouvons le lui démontrer, empêcher certaines iniquités ; mais son organisation intime, après tout, c'est son affaire, et nous ne pouvons pas, sous prétexte de faire son bonheur, lui ôter sa personnalité ; sous prétexte de lui apporter nos idées, lui voler sa liberté et son pays.

Soyons juste. Notre civilisation a sa grandeur, mais combien aussi ses hontes ! Ces peuples, que nous qualifions d'inférieurs, vivent souvent mieux en communion avec la nature, moins d'une vie factice que nous-mêmes. Et qu'importent les colifichets de la civilisation, si, pour les produire, l'homme, en majorité, doit se claquemurer sa vie durant dans la fumée des usines, entre les quatre murs de l'atelier, bornant ses facultés à la production d'un morceau de machine ?

Je ne suis nullement convaincu qu'un Français vaille toujours mieux qu'un Kabyle. Et vraiment, je me demande si nous avons bien raison d'être si vains. Regardez autour de vous : serait-ce que (comme le poisson ne sent pas l'eau dans laquelle il nage) nous nageons dans la vertu, l'esprit de justice, le solide savoir, le bon sens, l'élévation de pensée ? mais, de fait, nous ne nous en ressentons guère. Ou bien plutôt ne pourrait-on pas appliquer aux nations l'apostrophe célèbre : « Hypocrites ! vous voyez bien la paille dans l'œil de votre prochain, et vous ne voyez pas la poutre dans le vôtre ! »

En tous cas, il ne serait pas bon que tous les peuples se ressemblassent, et n'en déplaise aux charlatans du patriotisme, l'étendue du territoire ne fait pas la grandeur d'une nation. La Grèce, au temps d'Eschyle, enfermée en ses étroites limites, fut un plus grand peuple que Rome au temps de Tibère possédant le monde. Français, je ne voudrais pas que la terre fût une vaste France. La nature a été sage de varier les races et les aptitudes. Le chêne est un bel arbre, son port est noble ; mais le cèdre, le hêtre, le sapin ont leur beauté, et qui voudrait qu'une seule essence emplît nos forêts ? De la variété et même des contrastes naissent quelquefois la sympathie et l'union mieux que de la similitude. Les antipathies entre parents sont les plus âpres.

On nous dit qu'il faut nous étendre pour éviter la décadence ; mais c'est en s'étendant, sous Alexandre, que la Macédoine s'est irrémédiablement perdue, et avec elle la Grèce. Dans les temps modernes, la nation qui a subi la décadence capitale, c'est l'Espagne. Or, qui a possédé, qui possédera jamais des colonies comparables à celles qui ornaient la couronne d'Espagne ? Sa décadence a été complète avant la perte de ses colonies, qui a suivi.

L'Allemagne, la Suisse, la Norwège, au contraire, n'en ont ni n'en ont eu, et je cherche le signe de leur décadence. Laissons donc les phrases à effet et les épouvantails fantaisistes. La vérité, c'est qu'un peuple est fort quand il représente une grande idée, et surtout quand il n'est pas divisé contre lui-même, au point de détruire au dehors ce qu'il proclame chez lui sa raison d'être.

On nous dit encore : « Si nous ne prenions ces pays, d'autres pourraient les occuper. » Bel argument. « Mon cher, je vous dépouille pour vous préserver des voleurs ! » Et encore que c'est bien souvent le contraire. Ces pays occupés par nous ne sont plus neutres, et, vienne une guerre malheureuse, l'ennemi peut s'en emparer : « Ils étaient à prendre, puisque nous les avons pris. » Cela s'est vu. — Si Bonaparte n'avait pas enlevé l'île de Malte en allant en Egypte, elle ne serait pas anglaise depuis bientôt un siècle. Ailleurs, une indiscrétion ayant révélé au commandant anglais, à Aden, que nous projetions l'occupation de Perim, l'Angleterre l'a prise. Si, en 1868, selon nos velléités, nous avions pris le Luxembourg, il serait aujourd'hui territoire prussien. Madagascar, respectée par nous, restera libre, développant avec plus ou moins de succès une civilisation encore rudimentaire. Mais envahie par la France, elle nous aura coûté beaucoup de sang, beaucoup d'argent ; nous n'y fonderons rien de durable, car il faut mentir impudemment pour en faire une Normandie, comme l'a fait M. de Mahy dans son discours du 25 juillet, quand c'est un climat tropical, aux côtes proverbialement malsaines, et alors le xxᵉ siècle ne s'écoulerait pas sans qu'elle soit devenue terre anglaise.

L'on nous cite enfin l'exemple de l'Angleterre, conquérante de l'Inde. C'est peut-être là le grand argument. Certes, l'Angleterre est un grand peuple, qui a rendu à la civilisation, à la science, à la liberté des services de premier ordre. Nous l'avons parfois admirée ; jamais enviée ! Et, si j'étais Anglais, je donnerais bien toutes les richesses vantées de l'Inde et de Cachemire pour que le drapeau de ma patrie ne portât pas les souillures qu'y ont imprimé les iniquités de la conquête au siècle dernier et les cruautés de la répression en 1857. C'est une mince estime, ce me semble, que nous porterions aux hommes dont les actes ont jeté une honte indélébile sur le nom anglais, attachant un renom d'avidité mérité à la nation qui fut si glorieuse quand elle ne possédait que son île et que, défenseur héroïque du dernier refuge de la liberté, elle affrontait, tranquille, les canons de l'*invincible Armada* et anéantissait l'effort de la nation maitresse du monde.

Mais ce qu'il y a de mieux, c'est que ces prétendues richesses n'ont jamais en rien profité au vrai peuple de la Grande-Bretagne.

Il est bon qu'on le sache, le budget de l'Inde se solde régulièrement en déficit. Là les années se suivent et se ressemblent. Et qui doit combler ce déficit ? les impôts, payés par le peuple de la métropole encore plus chargé que nous-mêmes !

Il est vrai que 1,500 à 2,000 fils de famille y trouvent chaque année un emploi très largement rémunéré. Mais ce n'est pas une compensation. Ensuite, le fait et l'état de l'Inde était un fait à part qui ne se retrouvera pas une seconde fois dans le monde ; et ce n'est pas même l'Angleterre qui en a fait la conquête, mais une Compagnie de marchands.

Enfin, le moment est mal choisi pour en parler. Il estrop évident que les embarras si graves où se débat le gouvernement anglais lui viennent à cette heure et lui viendront longtemps de l'Inde, qui fait sa faiblesse et non pas sa force.

C'est qu'à un point de vue vrai, toute colonie-comptoir est un point d'attaque qu'offre la métropole ; défectueux, parce que l'ennemi y peut fomenter l'insurrection. — Vienne demain une guerre européenne, la Tunisie fournira tout juste à l'Italie le champ de bataille favorable qu'elle n'aurait pas trouvé ailleurs. Si en 1808, Napoléon n'avait pas envahi l'Espagne, il n'aurait pas fourni à l'Angleterre cette superbe arène pour y exercer ses soldats, en lui donnant le beau rôle contre nous, où se forgea l'armée et le général qui devaient le vaincre à Waterloo. Sans le guet-apens de Bayonne, nous n'aurions dans notre histoire ni Baylen, ni Torrès-Vedras, ni Vittoria.

Mais passons, et puisque l'on convient à la tribune que l'affaire des Kroumirs a été une comédie ; qu'en réalité, la Tunisie nous a été livrée au congrès de Berlin, j'affirme que c'est là une iniquité dont les fruits seront amers, et, je le crains, Monsieur Ferry, plutôt que vous ne le pouvez croire.

De même, à Madagascar, l'on avait parlé de vexations à nos nationaux : M. Ferry avait apporté à la tribune une histoire aussi ignoble que mensongère, concernant les ambassadeurs hovas. Et puis, en fin de compte, on avoue que c'est parce que la position nous plaît que nous la prenons.

Mais c'est la théorie du pillage universel. Pourquoi réprimer la petite piraterie, si l'on organise la grande ? Il nous faut cette proie pour jouer le rôle qui nous convient dans le monde ; mais c'est qu'alors ce rôle est un rôle de pillard. Les Etats-Unis aussi sont une puissance maritime. Pour l'escale de ses flottes, et vu qu'un navire de guerre ne peut emporter que quatorze jours de charbon, la rade de Brest lui serait très utile. S'il s'y trouve un jour un homme d'État qui, lui aussi, ait de *vastes desseins*,

il devra s'en emparer ; un bon pied-à-terre dans la Médi-
terranée ne lui serait pas non plus à dédaigner. Et en
avant! il n'y a que le premier pas qui coûte. Toutes ces
iniques théories ne tendent rien à moins qu'à l'organisation
officielle du brigandage international :

« Monseigneur, vous êtes riche, votre habitation est
luxueuse, confortable ; vous avez salon, terre et jardin,
tout. Mais vous avez une famille, et, en bon père, voyez
donc : il y a par là-bas une chaumière qui n'a pas mauvais
air, quoique les gens y soient en sabot ; qui sait? plus
tard elle pourrait vous être utile. Allez-donc, prenez-la
et vous la dirigerez. Vous demanderez d'abord l'entrée, et,
si les possesseurs ne vous accordent pas tout de bonne
grâce, prenez votre revolver et cassez leur la tête. Ces
malotrus ! il ferait beau voir qu'ils regimbassent ! Du reste,
c'est pour leur bien. Ils en sont encore à la bêche, vous
leur porterez la charrue à vapeur, et tout en partageant,
ils auront encore meilleure part pour eux qu'aujourd'hui.
S'ils ne sont pas contents, c'est donc qu'ils sont dépourvus
de raison et doivent être traités comme tels. Allez, ils ne
connaissent pas leurs intérêts ; du reste, les vôtres sont
supérieurs. Faites à votre bon plaisir, c'est votre droit et
votre devoir. En les croquant, seigneur, vous leur ferez
beaucoup d'honneur. »

Oui, mais il viendra d'autres croquants, n'est-il pas clair
déjà que l'exemple est entraînant?

Et au nom de quoi protesterions-nous, dès à présent,
contre l'absorption d'un peuple faible par un peuple fort?
On vous rirait au nez, et avec raison. Vraiment, les po-
tentats du continent ne devaient pas s'attendre à cette
heureuse fortune ; nous leur fournissons un solide appui
moral, et ils auront beau jeu pour montrer que les peuples
en république ne respectent pas plus le droit que les monarchies.

Mais, ceci est capital, le mal en ce cas, s'aggrave. Que
la guerre éclate entre deux monarchies, le vaincu
peut signer la paix après une défaite, comme l'Autriche

après Solférino ou Sadowa, le gouvernement en endosse la responsabilité.

Mais entre deux républiques, le peuple lui-même se sent atteint, atteint directement ; personne n'est là pour assumer l'humiliation ; beaucoup pour crier : axit ! mords ! mords ! On met en avant l'honneur et la vanité, et la guerre se continue, comme hier entre le Pérou et le Chili, jusqu'à extermination de l'un des belligérants. Une république, qui n'est point pacifique, n'a pas de raison d'être ; elle devient vite, très vite, le pire des gouvernements... Malheur à qui lâche en elle, sous quelque prétexte que ce soit, la bride aux instincts égoïstes et féroces qui sont au fond de la bête humaine, ils dévoreront vite sa liberté et sa vie morale qui sont le vrai honneur et la lumière de l'humanité !

Et c'est devant ces déductions certaines de la logique, et malgré les leçons répétées de l'histoire que l'on viendra nous dire que ce n'est pas par le rayonnement pacifique que s'affirme la grandeur des nations modernes ! Mais quoi donc ! Bazaine triomphant au Mexique, Montauban, vainqueur en Chine, ont-ils plus fait pour l'expansion de l'esprit français et pour le rayonnement du génie de la France que Victor Hugo et Voltaire ?

Il est fastidieux de réfuter de pareilles aberrations ; mais allons encore. M. Ferry et beaucoup d'autres, ne cessent de nous montrer ce peuple de quatre cent millions de consommateurs dont nous allons devenir voisins, et qui nous ouvrant ses marchés, va nous fournir de nouveaux et immenses débouchés commerciaux. En vérité, c'est se moquer de nous. Si la Chine compte quatre cent millions de consommateurs, elle compte tout juste le même nombre de producteurs. Elle ne signera un traité de commerce qu'à-compte de réciprocité : c'est logique, et c'est loyal. Or, les systèmes de production rapide de l'industrie européenne vont s'y acclimater à bref délai, et avec l'infériorité des salaires, le caractère souple, soumis et patient de la race chinoise, son habileté éprouvée de main-d'œuvre, la concurrence pour nous deviendra impossible.

Elle l'est déjà pour tous les cas où les deux productions se sont mesurées.

Alors, je vois bien l'avantage du capitaliste quand le travail se sera encore avili, et je vois bien aussi l'assujettissement plus complet du travailleur subissant une rivalité écrasante, mais rien autre.

Eh! Monsieur Ferry, sans vous accorder une intelligence hors ligne, évidemment, vous le voyez aussi. Mais alors, s'il est pardonnable de s'égarer dans ses ambitions, et d'aller jusqu'au mensonge par entraînement d'amour-propre, il ne saurait l'être de conduire son pays à des abîmes que l'on connaît, pour ne point s'infliger un démenti qui blesserait notre vanité.

Je sais bien qu'en plus, étant voisin d'un peuple de quatre cent millions d'habitants, de race robuste, sobre, disciplinable, exclusive, ayant en soi, autant que personne, la haine de l'étranger, il nous faudra, pour assurer la sécurité de notre prise, entretenir un corps d'armée de plus en plus important, et qui deviendra de plus en plus insuffisant.

Je sais bien que les richesses que nous en retirerons seront mal acquises, et au bénéfice d'un très petit nombre; et que les maladies qui nous en reviendront seront débilitantes et épidémiques; que le Tonkin étant au midi, simple appendice géographique de la Chine au nord, la force des choses, quelles que soient les complications qui se produiront, portera la Chine à envahir le Tonkin; que, d'autre part, nous serons réduits à ce misérable rôle de blâmer en autrui et d'essayer de détruire ce que nous voulons faire vivre en nous, savoir: la fierté nationale et l'amour de notre indépendance. Mais rien de tout cela ne peut expliquer l'engouement de nos députés.

Il est clair que nous aurons échangé notre probité politique pour quelques tonnes de charbon et de cuivre, pour des gains essentiellement fugitifs. Si c'est là de la grande politique scientifique, le ciel nous en préserve!

Non, nous ne nous lasserons pas de le redire, notre force la plus vraie, c'est de représenter dans le monde une idée haute et généreuse, et c'est seulement dans une réunion de badauds que l'on peut faire du machiavélisme pour paraître profond. On ne fonde rien de durable contre la justice. L'histoire confirme absolument cet axiome. Et quand est-ce donc que nous avons subi une déchéance sans l'avoir préparée par un attentat contre le droit, entraînés que nous étions par un ambitieux quelconque ?

Je sais bien que les revues de toutes nuances, où s'épanchent le sentiment des classes dirigeantes, tiennent un tout autre langage. L'on y raille fort tout ce qui peut ressembler à de la fraternité. La théorie de la lutte pour l'existence s'y étale triomphante, exclusive. (A coup sûr, ce n'est pas pour l'existence d'aucun noble sentiment, d'aucune généreuse pensée, d'aucun bon côté de notre nature !) Et, en face de ces sinistres théories de la force sanglante, nous oserons, nous, pauvres, redire : « Soyons les mandants incorruptibles de la justice, de l'équité, de la liberté, et tout le reste nous sera donné par surcroît. »

Mais nous concevons bien qu'une aristocratie bourgeoise, qui ne s'est élevée à la richesse guère que par l'exploitation des faibles, ne peut pas, arrivée au pouvoir, se trouver au cœur autre chose que ce qu'elle est. Elle ne peut que suivre ses appétits ; essayer d'appliquer en grand ce qui lui a réussi en petit.

Mais elle n'est pas la France à elle seule, et, pour ses entreprises de spoliation, elle n'a pas le droit de nous demander, à nous, les produits de nos labeurs, ni le sang de nos enfants.

Encore une fois, c'est là une forfaiture, un détournement délictueux.

Nous vous avons confié notre probité de République libérale, de nation souveraine ; nous vous avons confié, ce qui est la même chose, notre honneur, qu'en avez-vous fait, qu'en allez-vous faire ?

Louis GUÉTANT.

4 août 1885.

Lyon. — Imprimerie Nouvelle, rue Ferrandière, 39.

www.ingramcontent.com/pod-product-compliance
Lightning Source LLC
Chambersburg PA
CBHW060711280326
41933CB00012B/2396